（德）伊娃·艾希 著 （德）玛丽艾拉·恩德斯 绘 邓晶 译

密室大逃脱

金乌之影

一本等待你裁开的
密室逃脱纸上书

长江出版传媒

长江文艺出版社

莉莎

　　莉莎，单身，渴望爱情，对二十年后的这次同学聚会期待满满。

蒂妮

　　蒂妮，洪堡高中校长的女儿，小团体的核心人物，学生时期便以美貌和时尚瞩目。

施特菲

　　施特菲，小团体中莉莎最喜欢的人，却甘做蒂妮身边的"绿叶"。

尤利安

尤利安，高中时的风云人物，现在已成功跻身政界。

里昂

里昂，活跃气氛第一人，也是当年意外现场的第一发现者。

迈克

迈克，学生时期谨小慎微的"受气包"，如今是一名 IT 行业工作者。

打开密室逃脱互动阅读的正确方式
劳驾请不要跳过！！！

在开启本书的冒险前，我们先来看看它是本怎样的书……

在接下来环环相扣的惊险故事里，每两页文字都会带你进入一个新章节，开启一段尘封的秘密。但这不是一本让你从前往后一页接一页读完的普通小说。只有成功破解谜题，才能进入正确的章节！

每章末尾的备选答案中，每个选项后面都有一小幅截图或一处细节。只有选择正确的选项才能指引你在本书中发现对的线索图片，否则便会打开错误的情节。

即使无法迅速破解谜题，也请不要担心！相信你会凭借敏锐的洞察力最终发现蛛丝马迹。

找到正确答案——确认对应截图——打开其背后的页面！

按以上步骤，你才能揭开乌鸦的秘密……

➡ **举例说明**

这是一本什么书？

① 旅行指南

② 电话簿

③ 密室逃脱类悬疑小说

① ② ③

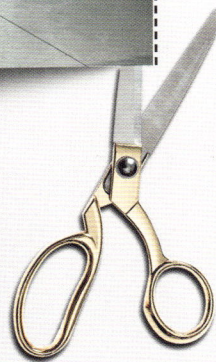

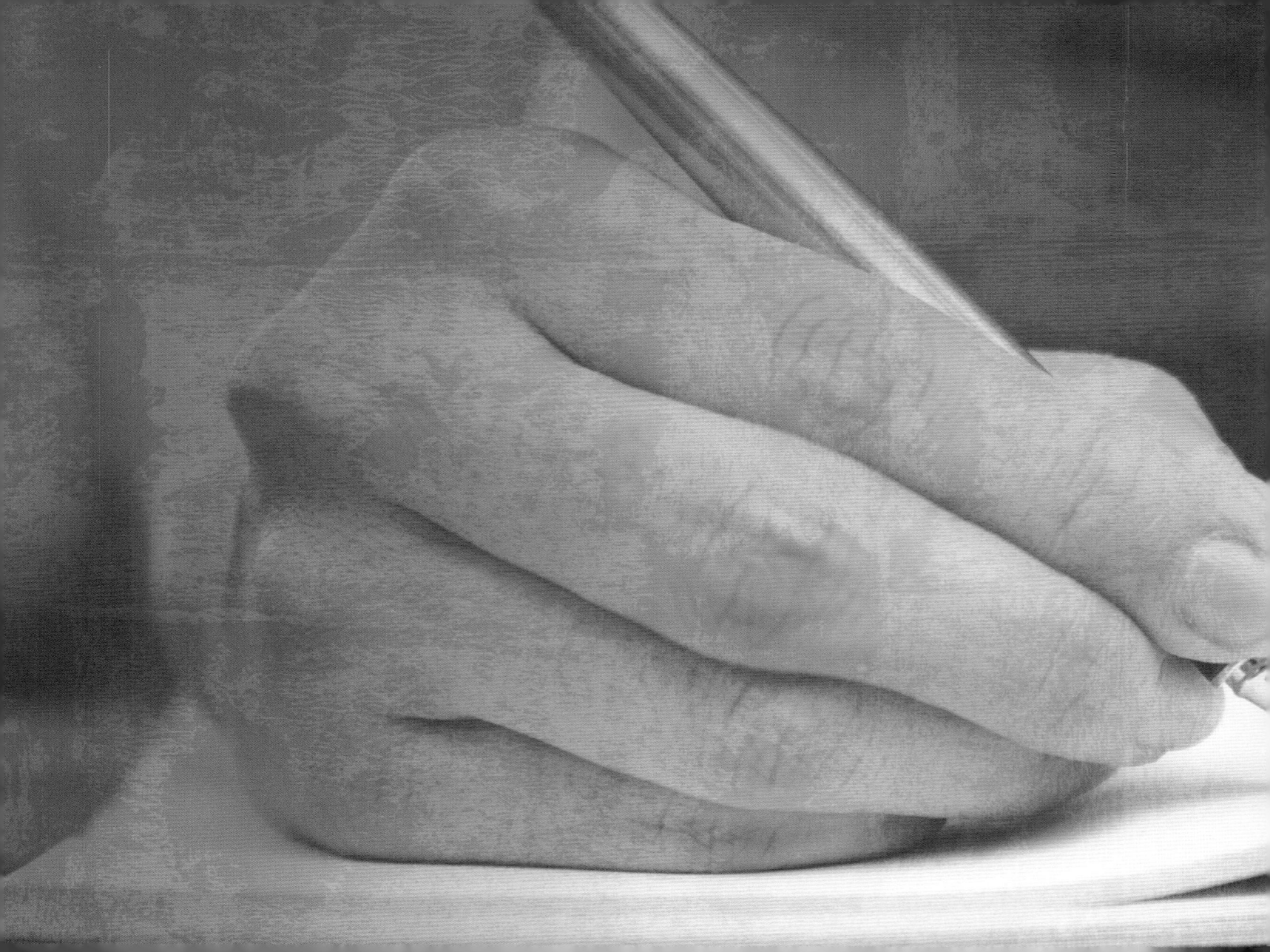

序章

1998.04.18

　　烦死了！我当时被吓傻了。我该怎么回应他的要求？毕竟他也许是之后解谜竞赛的评委。如果我答应他，后患无穷，但是如果我拒绝，也是麻烦缠身。他可能会给我打低分，那我的比赛就完蛋了。解谜是我唯一擅长的事，要不然我这种学生也不会被选上。我好怕，完全不知该怎么办，好纠结啊。

　　要不然就听从内心，跟着感觉走，看看最后究竟会发生什么！

　　不过，我很高兴，至少还有一个人让我可以畅所欲言。

妈妈的状况越来越糟。有时我感觉她根本早已消逝，留下的只是一具行尸走肉，被可怕的恶魔占据了身体，像一只傀儡。昨晚面对她我第一次产生了恐惧……

　　我的烦恼肯定不能和她倾诉。我完全不知道该怎么办了。

　　我感觉自己站在人生的岔路口，不管做什么决定，都会彻底改变我的未来……

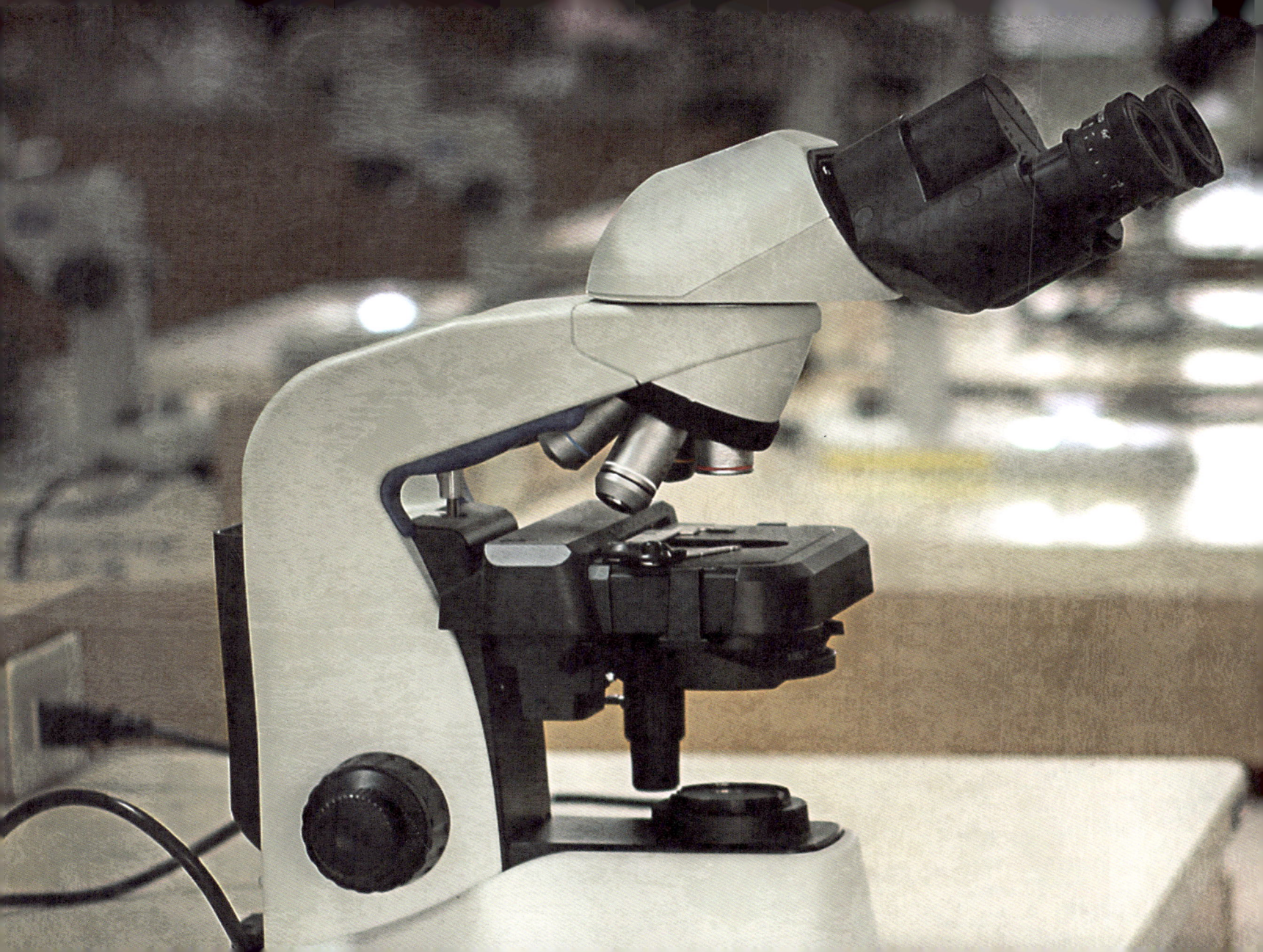

墙上是什么呢？

① 一支著名乐队的名字
② 一句法国小说中的箴言
③ 一句拉丁谚语

①

②

③

第 1 章

一切似乎仍旧如昔，但是又全然不同。

莉莎有些不敢置信，上次踏入这里已经是 20 年前的事了。

虽然脚下的瓷砖已经翻新，墙上的海报也早换了，但是眼前的入口大厅依然会激起她的不安、紧张和期待——这与她 17 岁那年第一次踏入洪堡文理高中时的感受一模一样。当时，对莉莎来说，要在那群早已完全融为一体的学生中、在朋友和敌人界限分明的小团体里挤出自己的一席之地并不容易。作为插班生，她在这儿只读了高中最后一年，全怪父亲和他的外交官工作，总是逼迫全家不停地搬家。最后她终于跟施特菲套上一点近乎，并因此加入以年级红人蒂妮为核心的小团体中，这让部分同学对她好生好奇，但是也为莉莎招来不少嫉妒的目光。

几周前在信箱发现校友聚会的邀请函时，她心里不由升起丝丝期待和好奇，毕业以后，她几乎失去了从前绝大部分同学的音信，因此，莉莎很好奇当年各色各异的同学们现在究竟变成了什么样。近几年，她长了些皱纹，除此以外，她还是跟以前一样，把褐色的头发全部梳起，扎成方便的马尾，身材保持得还不错，作为一名生物老师也不会因为自己的工作抬不起头。唯一的不如意之处，便是令人沮丧的情感状态，可是这种隐私也不是每个人都会问的事。

莉莎看着学校入口处慢慢挤满曾经的同学，她瞄了眼自己光秃秃的无名指，把两只手插进牛仔裤裤兜里。"你在这儿呀！"背后传来招呼声，莉莎转过身，立马认出施特菲乌黑的及肩长发和漂亮甜美的笑容。和记忆中的相比，她的脸变得更圆更柔和些，这让莉莎觉得她更友好了。两人拥抱在一起。"天啊，我真高兴你来了，"她在施特菲耳边喃喃说道，"我还担心自己不得不跟尤利安聊一晚上呢。"

说曹操曹操就到，一位里面穿着衬衫、外面套着羊绒毛衣的高大金发男人朝她们走来，脸上挂着牙膏广告上的完美笑容。"女士们！你们还跟以前一样漂亮！"他露出迷人的笑容，一边说一边朝两位女士绅士地微微弯腰。"你还真是一点儿没变。"他目露欣赏地看着莉莎。施特菲笑道："你也没变啊，尤利安！魅力不减当年。你工作怎么样？在政府部门混得如何？老婆孩子呢？"他回答："哎哟，你倒是知道得一清二楚。"看得出，他对自己现在的生活很得意。"你每天在脸书和照片墙上发状态，想不知道也难。"说完，施特菲扭头看向莉莎，满脸揶揄。突然，她好像发现了什么。

"快看！"她手指向侧面的水泥墙，墙上似乎刻着什么。

沿此剪开，开启探险之旅！

第 14 章

她 转身跑向生物教室。"你们还记得吗？"莉莎朝身后嚷道，"胡博老师总喜欢让我们站到教室前面，给他指认所有骨头的名字。"她走向那具骷髅，骷髅龇着牙，朝莉莎露出阴森的冷笑。"人的一切行为全依赖神经传感，而神经组织最重要的组成部分存在于大脑中。"她掀起头盖骨的前半部分，伸手往里一探，果然摸到了一个小小的光滑塑料盒。

盒子是透明的，里面装着几片药但是没贴标签。"这是用来干吗的？"迈克问——他和其他两位男士一起刚跟着莉莎走进来。

"还不清楚。但是我肯定，答案跟你们的过去有关。现在，我要听完整版的故事。"莉莎两臂交叉靠在讲台上，静静地盯着三位老同学。

沉默……

"你说得对，我们不能再逃避了。"里昂妥协了，"宝拉总是我行我素，也许因为她根本无人可以依靠。她的母亲有间歇性精神分裂，经常得去精神病院。宝拉的父亲在宝拉出生前便离开了。前一段时间宝拉的母亲病情加重，被判为无责任能力人，长住医院。警察把宝拉母亲的家整理后通知了我，给了我几样宝拉的遗物。当年宝拉只能独自承担家里的一切。这对一个小女孩来说真的很不容易，所以有时候她难免会崩溃。然而她从没真正发过脾气，直到席费老师的事发生。"

里昂短暂停顿了一下，尤利安接过话头："米歇尔·席费是我们的数学老师，年轻，非常有干劲，是学校所有女孩的梦中情人。他能透过宝拉的重重心理戒备读懂她的想法并且鼓励她。他们一起开车去参加各种各样的解谜竞赛，宝拉真的超级擅长解谜。哎，然后悲剧发生了……"

"什么事？"莉莎追问，虽然她已经猜到发生了什么。"他们相爱了。男老师和女学生的桃色事件，当时真是丑闻。事情一曝光，席费老师立马被赶出了学校。我不知道他究竟还能不能继续做老师。宝拉被勒令休学三周。但是三周时间还未到，里昂在爬山时发现了宝拉的尸体。"

莉莎对这位未曾谋面的女孩深表同情。宝拉那时肯定很绝望。"但为什么说你们要对她的死负责呢？"她疑惑地问，然后听到迈克出人意料的答案："因为她的死因也许不简单。她生前没有人站在她那边，我们视她为害群之马，是老鼠屎，都躲着她，让她自生自灭。"

莉莎还未来得及追问，施特菲和蒂妮已经冲进生物教室。

"快看我们发现了什么！"蒂妮喊道，根本没留意房间里压抑的气氛。

"一个带电子锁的金属匣子。大概得输个三位数的密码才能打开。"

"这还不是最关键的，"施特菲兴致勃勃地补充，"匣子底部还刻了信息：**三个数字升序排列，且所有数字均满足同一规律：数值＝数量**。"她翻过金属匣子，以便大家都能看到这段话。

他们该往触屏上输哪个密码？

① 456

② 136

③ 789

①

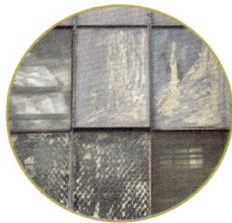

②

③

里昂好奇地读了一遍，说："我猜是个丢三落四的人写的，不过它肯定也是一条来自宝拉的信息。""为什么这么说？"莉莎发问，然而她心里并不确定自己是否想知道答案。

"因为它提到了谜语，"蒂妮走向里昂，"宝拉爱死谜语了，她还参加过两次大型的解谜竞赛。不像我，碰到谜语我脑袋是一团糨糊。实话实说，我完全不明白这条信息说的什么。"其他人也一脸不解地盯着绿色黑板上的白色文字。

"活动室！"站在角落里的迈克突然发声。莉莎已经忘了，他还留在教室里呢！闻声，所有人转身朝向他。"看我干什么？"他双手交叉在胸前，迎着大家问询的目光，补充说，"我只是把缺的字找出来，然后从后往前一读，就出来'活动室'这个词了。"

"肯定是地下的公共活动室！你们还记不记得，我们午间休息时在那儿偷偷聚会，"过往的一幕幕又浮现在眼前，莉莎说，"还有其他校规禁止的事情……"听到这里，里昂促狭地冲她挤了挤眼。

"现在怎么办？"施特菲问，"难道我们真要去地下室吗？"她的眼神不安地转来转去，最后停留在蒂妮身上。蒂妮大声说："当然！凭良心讲，我觉得肯定要去。如果有人用她的名义或者，更准确地说，用她的乌鸦搞恶作剧，我们必须得把恶作剧的人找出来，让他好好解释清楚。"莉莎十分佩服蒂妮的勇气。她的每一根汗毛似乎都昭示着坚定与决心——莉莎一直无比羡慕蒂妮的这种精神，也正是这些品质让现在的蒂妮成了国际康采恩集团媒体部的领导。

里昂高声表示赞同："我支持你，我建议最好等丁葛特校长和其他人都到教师办公室之后，再偷偷去地下室一探究竟。"众人点头赞同，除了莉莎，因为学校狭小的地下室总是让她觉得要犯幽闭恐惧症："我们先跟校长和其他人说一声，然后再一起下去活动室看里面藏着什么人或者什么东西吧。"

"不，我们最好还是先自己下去一趟。"蒂妮一边说，一边已经走到门口，悄悄侦察她父亲及其他人是否已经离开楼梯间。莉莎求助地看向施特菲，但是她已经朝蒂妮走去，同行的还有迈克、里昂和尤利安。莉莎默默叹了口气，只好跟上他们前往当年的"秘密基地"。

来到地下室门口，迎接他们的是污浊的空气和一条长长的幽暗走廊，走廊两边列着一个个房门。右边第二间便是原来的活动室，只是现在明显已经不再使用了。一个磨损严重的沙发枮在一堆堆叠放着的老讲桌旁。大伙散开在房间内四处搜寻，最后仅找到了一个老式棋类游戏的纸盒。

"通灵板，"迈克一眼认出来，"可以跟死人对话的通灵板。"

他席地坐下，把板子和字母标拿出来，放到老旧脏污的地毯上。

"我觉得，它暗含了什么信息……"他嘀咕着，引得其他人也低头看向他和那块通灵板。

板子透露了什么信息？

① 一个地点

② 一个人名

③ 一份判决

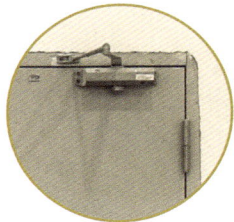
①

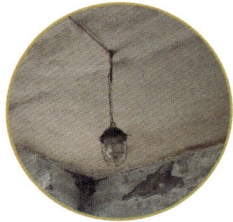
②

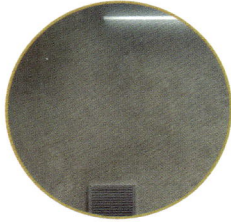
③

莉莎走向书架。上面摆着大量教科书、地图册、练习本和一些曾经对学生们帮助良多、如今却在角落吃灰的大部头。

她的手指划过一排书脊，停在一本书上。"开始前的结束，在字母表中，结字的 J 在开字的 K 之前，"莉莎安慰跟在自己身后满脸沮丧的尤利安，"我不是比你聪明，只是之前听过一个类似的谜语。"

她抽出架上唯一的百科辞典，在当今智能手机大行其道的时代，已经没人再把它拿在手里。书页闻着有些许霉味，似乎曾经被打湿过。莉莎身后的电视里，宝拉和蒂妮又出现在校巴上，画面在室内灯光的照射下几乎令人分辨不出，施特菲说："有谁能把它关了吗？"

迈克研究了一会录像机，然后按了某个按键。咯咯的笑声戛然而止。

此时，莉莎已经粗粗翻过整本书，但是没找到什么有用的线索。"我来试试。"蒂妮自告奋勇，从莉莎手中将书拿走。她晃晃书，又研究封面，最后甚至撕掉了几页，都徒劳无功。里昂和尤利安自然也来试了试，可也毫无收获。几人只好面面相觑。

"我建议，我们干脆等着吧，说不定什么时候有人发现我们没在宴会上。也许丁葛特校长会比料想的更早来解救我们。"

里昂笑着。

"才不会呢，他肯定以为我们一起偷摸小聚去了。"蒂妮说。

"我看眼下也不是什么太棘手的情况，"尤利安插嘴，"我们分头行动。施特菲、莉莎和迈克再搜搜两个房间和走廊，蒂妮、里昂和我去撬楼梯间的门锁。"

"你凭什么指挥大家？"迈克问，"我们早不是高中生了，你也不再是学生会主席，可以代替我们做决定。"莉莎讶异地转向迈克。在学生时代，因为穿着和体形，迈克总成为大家嘲笑的对象。虽然他没被欺凌过，但莉莎总感觉他像一只乖顺的家畜，充满感激地向受欢迎学生扔来的那根骨头伸长脖子，摇尾乞怜。她好奇这些年他究竟经历了什么，会突然向尤利安发难。

"你说得对，我不再是学生会主席，可我知道在这种情况下应该如何应对。我不是指挥你们做什么，只是建议，为的是将我们得救的概率最大化。"尤利安带着歉意回应。一拳打到棉花上的迈克泄了气，看上去也不那么咄咄逼人了。突然，里昂喊道："我想到了，我们刚刚看的书不对……"

他手里握着另一本刚从书架最底层找到的书。书的背面印着"字典"，刚一翻开，封面内侧就露出一个特别的表格。

他们应该去哪儿继续找线索？

① 洗手池边

② 天花板上

③ 走廊上

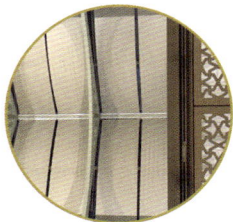

①

②

③

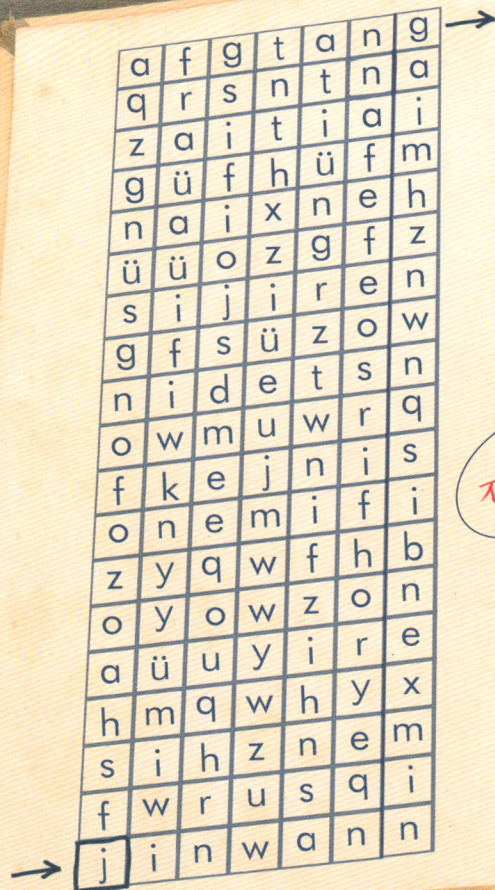

不要斜着读！

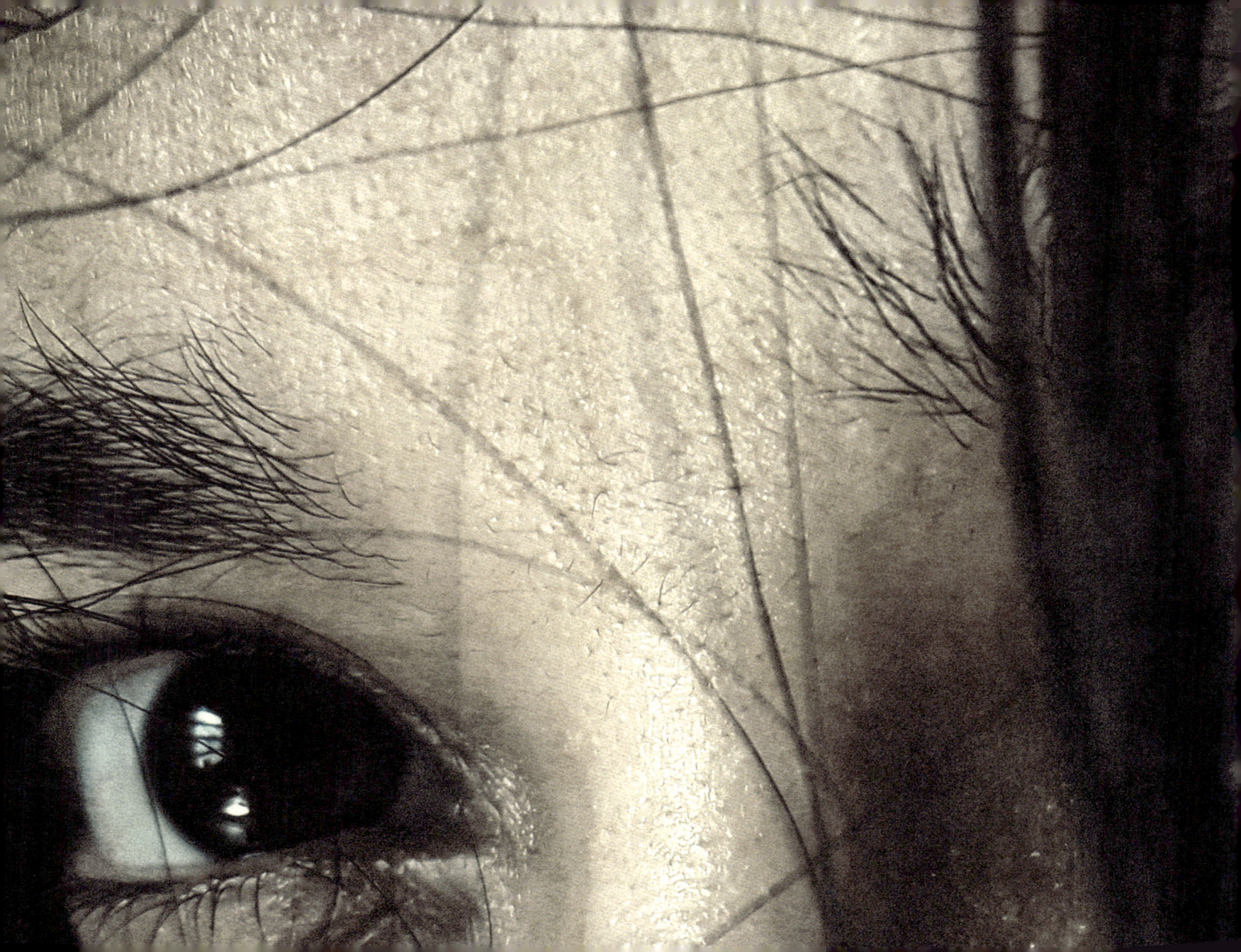

第 18 章

莉莎思索道："四个字母都是对称的。拆开就是 DING。要我看，绝对是指丁葛特校长。但是校长跟整件事有什么关系呢？"她抬起头，发现其他人正一言不发地交换眼神，顿时怒火中烧："这不是开玩笑！施特菲可能有生命危险！别忘了，十分钟后还有场大爆炸，到时候咱们会连同体育馆废墟一起变为灰烬！我真的受够了，你们死到临头了还要保留什么秘密！"说实话，莉莎也被自己的爆发吓了一跳，但是这一番话的效果立竿见影。

"好吧，"尤利安环视一周，其他人也点头同意，"席费老师的事不是我们疏远宝拉的真正原因。他们恋情曝光一周前，宝拉把我们叫到老地方地下活动室碰头，说准备告诉我们一件事。我们都以为她又要抱怨，或者没做作业喊我们打掩护。没想到她说丁校长找她一起吃饭，不是中午在食堂，而是晚上去一家精致的饭店。他跟宝拉保证，如果她来，最后一学年会让她过得很轻松。"蒂妮冷哼一声，尤利安没有理她："刚开始我们都笑了，还以为她是在开玩笑。虽然大家都知道，丁校长喜欢漂亮女学生。然而宝拉很严肃，她说我们没理解她的意思，直言这是性骚扰。蒂妮当时立马发飙了，说即使她父亲不是什么受人爱戴的角色，也不是强奸犯。宝拉想告发丁葛特，还要求我们支持她，至少让大众知道丁葛特骚扰女学生。蒂妮说，

宝拉说谎话，她只是想获得大众关注，想威胁她父亲好让自己不留级；宝拉的指控不仅会要了校长的命，也会毁了她蒂妮的人生。我们小团体也会被议论。我们那时决定：牺牲一人，才可保全大家。我们告诉宝拉要'我为人人'。"

迈克接着说："差不多一个礼拜后，就传出了宝拉跟席费老师的事情，这让我们对她隔阂更深：她居然跟老师谈恋爱，还一直瞒着我们！我们认为，丁葛特校长只是她准备转移视线的手段。"

莉莎缓了一会才消化完全部信息。她很能想象不被接受是种什么感觉。宝拉的朋友们当时错误地不信任宝拉，让她孤零零一人面对困境。莉莎开口："我为人人。厕所镜子上也写了这句话。那时是宝拉为大家牺牲名誉，她的死很可能并不是意外。这次该另一个人替大家去死。幕后之人留下的药片应该是致命的。"她看向蒂妮，后者正紧张地抠着指甲。大家的目光逐渐转向蒂妮，从开始的零星火苗，汇聚成燎原之势。"什么？你们觉得该牺牲的是我？就因为丁葛特校长是我父亲？！别忘了，当年的决定是我们一起做的，你们每一个人都投了赞成票，都抛弃了宝拉。我倒是想起一个人，他应该对宝拉的死负责。"她看向尤利安，看得他目瞪口呆。

蒂妮眼睛一眨不眨。"我问你，这个谜语是什么意思……"

她挑衅地盯着尤利安："我是什么？我可以好、可以坏。我可以折磨你，也可以使你平静、替你决策。我永远被人类追随。"

蒂妮谜题的答案指的是？

① 良心

② 物质

③ 艺术

①

②

③

我是什么？我可以好、可以坏。我可以折磨你，也可以使你平静、替你决策。我永远被人类追随。

第 12 章

莉莎和里昂站在黑板前思索。她一头雾水地啃着指甲，就像曾经无数次在地理考试中那样。里昂在一旁注视着她。

"那时候你也不容易吧？"他问道。她耸耸肩膀回答："还好啦，我知道的很少。没受什么影响。我当时只是很高兴你们接纳了我。"里昂若有所思地点点头。

"你知道吗？是我首先发现的她。在爬山的时候。"他说。莉莎看向他。忧伤如沉在水底千斤重的铅球，终于从里昂内心最深处浮上来。"整个假期我都把自己锁在房间里，谁也不理。开学后，我继续按部就班地上课，仿佛宝拉从来没存在过。这是我唯一能熬过来的办法。"他伸手捋了一把自己黑色的头发。

莉莎不知道该说点什么。她很想分担他心中的内疚，可是话堵在嗓子眼出不来。里昂，那个嘴里总是笑话不断、任何场合都坦然自若的人，那个总能在她被学习压力搞得濒临崩溃时让她绽放笑容的人，在她面前突然变得如此脆弱。也许这是一个两人关系更进一步的机会，莉莎自忖着，迟疑地握住了他的手。他身体一颤，仿佛被火燎了一把，触到莉莎慌乱的眼神，他不自在地说："莉莎，你真的是一位特别有魅力的女性，但……""别说了。"在他展开拒绝的套话前，她打断了他。"不是的，不是你想的那样。我有未婚妻了。""什么？"莉莎忍不住惊呼，"这次见面你怎么没提过？""啊，我有点不知怎么开口，而且也没有合适的机会。"熟悉的肆意明媚的笑容在他脸上一闪而过，然后又很快熄灭。

他抽出被莉莎抓住的手，接着忽然转了话题说："灰色，灰色和其他词不属于同类。其他词都是海的名字。从地理上看，灰是唯一说得通的答案。"

莉莎一愣，反应过来他是在说黑板上的谜语。

"那我们现在怎么办呢？在这水泥监狱中哪里有什么不是灰色的……"她挫败地说。

"咱们去尤利安和迈克那边看看。"里昂回答。他们横穿过一堆地图、地球仪和太阳系模型，走到化学教室的门口，正好遇见兴高采烈的尤利安和略显无奈的迈克。

"你们俩怎么了？"莉莎开口询问。

"还看不出来吗？我们刚刚解了个谜，"尤利安得意地回答，"你们看讲台中间这堆笔记……能想出它要告诉我们什么信息吗？"

莉莎走过去，桌子上放着很多纸条。最上面的是一串数字，有些第一位数有下划线，有些第二位数有下划线。她疑惑地看向尤利安。

纸条要传递什么信息？

① 语法

② 培养基

③ 本质

①

②

③

显然，经年累月的使用让墙面斑驳不堪，但是字刻得很深，所以依稀还能辨认。"我为人人，"施特菲读道，"这是咱们社团当年的口号，出自大仲马的一本小说。我记得很清楚，这字是发毕业证的前一晚我们刻的。毕业后我们的组合就解散了。嘿，丁葛特校长来了！"

此时，大厅已熙熙攘攘，人群中传出嗡嗡的交谈声。门口，校长西奥博尔德·丁葛特教授翩翩而至，他头发花白，胳膊上挽着他的女儿——当年的风云人物蒂妮，她宛若一件美丽异常的珍宝，浑身散发着灿烂的光芒，金色的头发打理得时尚有型，整个人有一种骄矜的美丽，令人挑不出一丝一毫的错。蒂妮永远如此完美，莉莎心中暗叹，她现在还能清晰地回忆起当年的场景，只要跟时髦、流行搭边的事，蒂妮绝对是全校所有女生的"领头羊"，是引领时尚的风向标。

丁葛特校长松开女儿的胳膊，和学生们握握手、拍拍肩膀或者贴面拥抱。他喜欢排场和美女，学生中曾经有过传言：漂亮的女学生即使犯错也总能免于校长的训斥或处罚。

"亲爱的，你们好吗？"蒂妮走到大家面前，温声细语地问候。

"嗨！"莉莎嘴里应着，而身边的施特菲已经赶上前，热情洋溢地拥抱曾经的最佳闺蜜。

"里昂来了吗？"蒂妮环顾左右。

"他肯定又晚了，我给他打电话。"尤利安从裤兜里掏出手机说。

"糟了，我忘了这儿没信号……"尤利安扫了一眼手机屏幕，说，"丁葛特校长不让学校里的学生打电话、上网。"莉莎不明所以。尤利安补充道："你不知道吗？两年前他特意跟市政府申请了特殊许可，让人在洪堡高中装了信号屏蔽器，说只有这样，他的学生们才能安静上课。哎，某人的爸爸总是想干吗就干吗。"他瞟了一眼蒂妮。

蒂妮不接话，转而说："庆幸的是，里昂一会儿还能准时赶上会客厅的丰盛晚宴。回学校他肯定不需要人带路，毕竟变化没那么大。"她轻轻叹口气，望向父亲丁葛特博士，虽然已经 62 岁，但是他气势不减当年，正在秘书哈博特哈勒女士的指引下走向发言台。

"可惜宝拉不在这儿。"施特菲伤感地说，不过她立即瞥了一眼蒂妮，似乎后悔自己刚脱口而出的话。久违的不舒服在莉莎的心中再次腾地升起来：当年便是这样，蒂妮一出现，施特菲马上萎靡黯淡下来，变得小心翼翼。莉莎始终不能理解，为什么这么聪明的女孩总是要做一片藏在蒂妮耀眼光芒下的影子？当然，她从未真问出口，那时，能被小集体接纳让她庆幸不已，她可不想招惹蒂妮的反感。

正想着，莉莎又发现一张熟悉的面孔，或者准确地说，是一件熟悉的卫衣——迈克穿的居然还是他高中时标志的黑色卫衣！迈克是大家眼里的书呆子，再加上 200 斤的体重，在当年他一直是同学们挪揄的对象。"嗨，莉莎！"他打招呼。不等莉莎回答，尤利安抢着说："原来是老熟人迈克啊，对了，高中时你绰号叫什么来着？"他一副想不起来的样子，迈克却沉下脸狠狠瞪他一眼。

找出下面的规律，答案便不言而喻：

沉寂 + 默默 + 晦涩的 + 信以为真 + 人不可貌相 = 沉默的真相

机械 + 武器 + 套中人 + 日征月迈 + 摩尔曼斯克

迈克在学校的绰号是什么？

① 机器人迈克

② 机械人迈克

③ 书呆子迈克

①

②

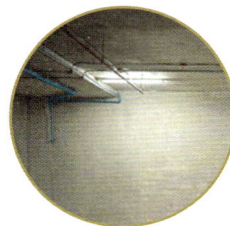

③

"你们没想出来吗?"迈克一边问一边信手按了密码456。匣子嗡嗡一响,锁弹开来。"这三个数字都符合一个规律,数值等于笔画数量,"看另外几人一脸困惑,他进一步解释道,"在电子表之类的数字表盘上,只有4、5、6的笔画数量和它们自身的数值一样多。4有四横,5有五横,6有六横。"

"真是怪胎才解得出来的谜语。"蒂妮悻悻地说,伸出精心保养的手指从匣子里拿出一把大金属钥匙,钥匙挂在一个黄色塑料钥匙扣上,钥匙扣上写着"体育馆"。

"谢天谢地!"尤利安大呼,"终于能离开这个鬼地方了。我可真受够了臭烘烘的化学品和死人骨头。"他一马当先,带领整队人马向楼下进发。莉莎把装着药片的盒子塞进兜里,跟上其他人。路上里昂给施特菲和蒂妮讲述了自己在化学陈列室里的遭遇,施特菲本已苍白的脸色变得更加惨淡。

钥匙打开了大厅通向走廊的大门,一伙人从走廊拥进漆黑空旷的地下体育馆。

一踏进去,一股体育馆内常见的、熟悉的橡胶和旧皮子味道包裹住了几人。施特菲颤颤巍巍地打开灯,大氖光灯管一闪一闪苏醒过来。莉莎站到朋友身边,希望能给她带来些许安慰,她想了想,对施特菲开口:"迈克认为,你们错在席费老师的事发生之后没有给宝拉足够的支持。不过我觉得虽然可能不太

仗义,但是也不至于自我谴责。你们那时才17岁,根本不知道应该怎么应对。"

"迈克?他懂什么!"施特菲反驳,然后转头看向灰色的油毡地面:"他都算不上我们的一员。他喜欢宝拉,暗恋了她好几年,把她当作女神,不过宝拉对他的想法一无所知。"提起宝拉,一丝怀念的笑容拂过她的面庞。

"快过来!"尤利安高声疾呼,"我们开个短会。"所有人聚集到篮球架下。"体育馆太大了,我们得分开行动。我建议,两个人去搜更衣室,我去搜休息区和健身区,然后还得有人去搜体育老师的办公室和管理员的配电房。"

莉莎马上联想到恐怖电影里大家分散后的画面。她不想势单力薄地落到幕后的恶人手里,但是尤利安与生俱来的领导力一如既往地调动了大家,其他人毫无异议地行动起来。莉莎也很快屈服,赶紧跟上里昂的步伐——他已经朝厕所方向走去。两人穿过一扇大玻璃门,然后沿着几级台阶下到厕所,莉莎很肯定,女厕所在他们毕业后肯定没再装修过。他们花了好一阵工夫才把女厕所的所有隔间都检查完——每扇门上都写满了无数的爱情宣言、随想、骂人的话。里昂和莉莎一条一条地仔细看过,以防漏掉任何线索。

在男厕所她发现了一个熟悉的图案。"快看!宝拉的

乌鸦！"莉莎指着中间洗手池前的镜子。"肯定是下一条线索！"

镜子上隐藏着什么线索？

---

① 是谁困住大家的线索

② 当年宝拉事件的真相

③ 成功脱逃的条件

①

②

③

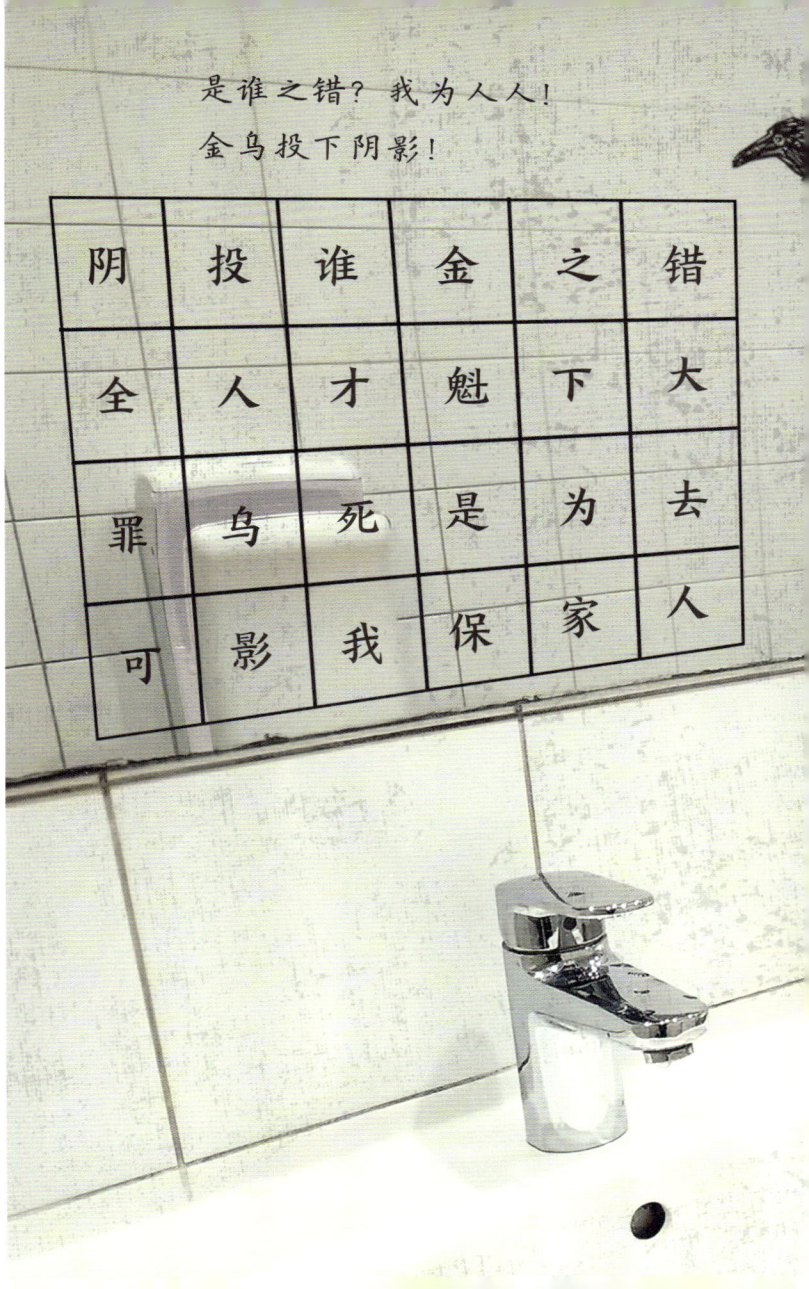

是谁之错？我为人人！
金乌投下阴影！

阴	投	谁	金	之	错
全	人	才	魁	下	大
罪	乌	死	是	为	去
可	影	我	保	家	人

"天！又是数学！"身后的里昂叫苦连天。莉莎没有转头，紧紧盯着几个数字。"我知道答案了！"她激动地叫，然后按下数字3689。门锁咔嗒弹开了。莉莎解释道："其实很简单，每个数减字去它的十位数字，结果便为后一个数字。你们看，44减4等于40，40再减去4等于36，接着36减3，以此类推。"里昂一脸敬佩地看着她，伸手示意由她来开门。

门后是一个漆黑的房间，灯影摇晃。莉莎眯着眼睛，辨认出里面有几排桌椅、一个堆得满满的书架、一张老地图以及角落里摇摇欲坠的洗手池。失望在她的心中飞快蔓延：这个房间和地下室其他房间一样，空无一人。得救的希冀像烈日下的雪人，消融不见。原来，她之前听到的声音来自一台老旧的大电视机，电视屏幕在房间里投下淡淡的白光。

屏幕上出现一位妙龄少女，金色头发，两侧剃光。她手里握着一个纸杯，向摄像头，或者说摄像头后的人敬了一下。然后场景变换，出现了一个剧院舞台，一群少年学生穿着夸张搞笑的戏服在排练。念着独白的少女和刚才的女孩是同一个人，只是年纪看上去小两三岁，头发绑成普普通通的辫子。接着是一段在巴士上录的视频，从画面看明显是在学校外出活动的车上。视频里还是同一个女孩，她把一只毛茸茸的泰迪熊往前方座位扔去，泰迪熊落到一位男同学头上。莉莎认出他好像是尤利安，但是视频拍得不是特别清晰，她不敢肯定。女孩旁边坐着蒂妮，那头精心保养的金色卷发一看就是她。两个女孩抱头咯咯笑。画面从一个场景跳到另一个，仿佛有人在翻看女生的回忆，却不知想看什么。

莉莎转身，其他进入房间的同学们仿佛魔怔了一般盯着闪烁的画面。没人张口哪怕说一个字，大家的脸随着电视屏幕射出的光线忽明忽暗。莉莎很肯定：那个她在班级合照上看到的女孩，那个如此鲜活地大笑、打闹、生活过的少女，不是别人，正是宝拉。莉莎脊背一凉，有了具象容貌的亡魂突然令她觉得阴森。

更不用提幽灵正在对她说话。视频的制作者搜罗到一堆被剪得七零八碎的视频，每一段中的宝拉都在说话，只不过所有片段几乎不超过一秒钟。他把视频中宝拉的一个个字汇拢在一起，仿佛勒索信上贴的一个个字母，让收到的人恐慌不安。屏幕上的宝拉听上去仿佛会说话的玩具娃娃，并且是坏掉的娃娃。然而，仔细听还是能从她破碎的语言中辨认出整句话："答案……就……在，开始……前……的结束。"

接着视频又跳回刚才宝拉手举纸杯的画面，然后是戏剧舞台、巴士。"循环播放。"迈克打破沉默。尤利安打开房间的灯，瞬间，屏幕里的画面便像早已被遗忘的回忆般褪了色。大家仿佛都沉浸到自己与宝拉的往事中，蒂妮重复了一遍逝去少女嘴里的那句话，看向周围的一圈人："答案就在，开始前的结束。这句话又是什么意思？"

"我猜，这个信息是要告诉我们，线索藏在哪里。"莉莎坚定地说，然后径直展开行动。

莉莎去哪儿找下一条线索？

① 在洗手池里

② 在地图里

③ 在书架上

①

②

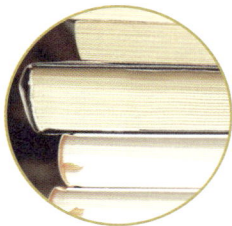
③

"一个 L 和一个 T。"目不转睛地盯了好一会儿后，迈克和莉莎先后发现，虽然天花板的瓷砖几乎一模一样，可其中几块有细微差别。有同款纹理的瓷砖拼出了 L 和 T 两个字母，迈克赶紧呼叫尤利安，后者已朝紧闭的大门走去。大家一股脑冲向大门，几秒后楼梯间的门锁打开，清新的空气扑面而来。

一伙人顺着楼梯往上爬。施特菲又故态复萌，和蒂妮嬉笑玩闹。刚才笼罩压抑的恐惧慢慢消散。

回到一楼时，丁葛特校长和其他校友早已离开。空洞的大厅静静等待着他们，仿佛一张没有牙齿的大嘴，巨大、黑暗，窗户不像窗户，像几个黑色的死人眼睛。

尤利安果断地走向大门——门当然被锁得严严实实。过了一会儿，当他们发现通向侧翼教师办公室和后面紧急出口的门也同样被锁以后，刚刚才升起的信心如烟般倏地飘散。

"也没法爬窗户出去，"蒂妮向右瞥一眼说道，"窗户都加了护栏。这里像一所监狱，从上学时我便这么觉得。"她唉声叹气道。

"我现在给警察打电话！"施特菲说着再次掏出手机。她一言不发地猛戳屏幕，但莉莎已经从她的眼神明白，电话打不出去。

谨慎起见，其他人也掏出手机检查信号。同样徒劳无获。

似乎只有里昂有点运气。他站在大厅最靠后的角落，紧挨窗户，手机贴在耳朵上："哈博特哈勒女士吗？能听到吗？……信号太差，我知道……是的……我们被锁在学校里了。好像有人恶作剧。您能派人过来吗？……我们……喂？"他顿住，看看手机："糟糕，又没信号了，但是校长秘书已经知道了最关键的信息。幸好我存了她留在邀请函上的号码。"

"已经很幸运了，至少你的手机还能在信号屏蔽器的覆盖下坚持一会儿。是谁开的这种无聊的玩笑？我都懒得搭理，"说着，蒂妮坐到大厅的一张桌子上，"我还想和你们喝一杯白葡萄酒呢。结果现在却被困在这儿。而且那些视频是什么乱七八糟的？我可用不着什么录像来回忆宝拉。"她摆弄着手上的美甲。

"你倒提醒了我，有那些视频的人，应该便是今天这场戏剧性悼念仪式的发起人，"莉莎自言自语，"背后的人，肯定存有很多宝拉的视频。"

尤利安和施特菲不约而同地看向迈克，他立马把双手举到胸前使劲摇摆："虽然大部分视频都是我拍的，可你们也很清楚，所有的视频我都拷成卡带或者 DVD 送给大家了。"

莉莎发现，迈克为假作淡定使出了浑身力气，虽然数年时光让他已经摇身变成充满自信的 IT 专家，但此刻还能看出他掩藏在光鲜外表下的不安。"况且，我也和你们一样被困在这儿啊。"他小声补充。

蒂妮突然跳起来。"走吧！在救援到达之前，我们也可以尝试自己走出去！"她一边嚷着，一边招手让大家跟上。转了一会儿，他们发现一扇敞开的门，通向大楼科学教室一侧的楼梯间。大家一起往上爬，当然，通向二楼、三楼和四楼的大门紧闭。

但在五楼，也就是顶楼他们发现了一件怪事：有人用红色记号笔在门上留了言。

遮风挡雨，
提供庇护。
飞蛾、蚊虫环绕。

这个谜语指向哪里？

① 吊灯

② 脚垫

③ 门框

①

②

③

"机器人迈克！"蒂妮冲着身穿黑色卫衣的高壮男人脱口而出，不过很明显，二十年过去了，这个绰号如今依然让他尴尬不已。迈克挤出一个生硬的微笑。

"嘘！开始了。"尤利安提醒大家安静——丁葛特校长已经站在发言台旁，清清嗓子发表讲话："亲爱的朋友们、校友们，我今天很高兴，能看到这么多人齐聚一堂，回来参加毕业20周年的庆典！我很荣幸地看到自己学校培育、输送了如此多卓越的人才。生有涯而学无涯，我们不仅为学校学习，更为自我的人生价值而学。"丁葛特校长的话响彻房间，不知不觉中，莉莎仿佛回到了青葱的学生时代。"虽然不是所有同学都能在今日与大家重逢，但是每一位毕业生永远都是优秀校友的一分子。"

最后这句话显然在大家心里掀起了波澜。连蒂妮似乎都微微晃动了一下优美的身影。

"不知道宝拉同不同意他说的……"身旁的迈克嘟哝。

宝拉。这个名字像个幽灵，贯穿了莉莎高中的最后一年。永远不曾得见、亦不曾认真了解，但她却始终如影随形。有一点莉莎很肯定，宝拉曾经也是他们小团体的一分子。她应该是几人中最叛逆不羁的，因为她刚一上高中便染了蓝色的朋克头，莉莎在一张班级旧合照里曾经看到过她，可惜却永远没有机会

认识她，因为在即将进入高中最后一年的前夕，宝拉独自在野外失足去世了。莉莎转学到洪堡高中后，学校里唯一能证明宝拉曾经存在过的痕迹，只剩她用黑色记号笔在教师桌椅和厕所门上画的一只只小乌鸦。

丁葛特校长结束发言，引着将近100人的队伍走向教学楼侧翼。莉莎和施特菲、蒂妮并排走着，紧跟在头发花白的校长身后，嗅着他身上飘来的浓郁古龙香水味，上学的时候莉莎极其厌恶这个味道。正想着，一位身形修长、长相帅气、衣着时尚的男人从人群中挤过来，加入他们。"里昂，你终于来了！"尤利安惊呼。莉莎也发现，原来见到里昂比自己预想的还要开心。"嗨！"尤利安热络地招呼着，灰色的眼眸闪着灼灼光芒，正是这束光让他在整个学生时期备受欢迎。

里昂永远是活跃气氛的第一人，记忆中几乎所有派对都会邀请他，只要这个黑发小伙出现，场面绝对不会无聊。哪怕几十年过去了，他现在仍是一副精力充沛、活力满满的样子，然而莉莎不经意瞥到，他头顶的发量已见稀疏。

"抱歉来晚了，碰到一位难缠的客户，"他略带歉意地解释了几句，转而出神地说，"快看，我们的教室！"他和几个老同学一起走进去，其他人也纷纷兴致勃勃地找寻当年的课堂。

原来的旧桌椅自然早已换成新的了，可莉莎仿佛还能闻到几十年前男同学们的汗臭和清洁剂的味道。莉莎用眼睛在教室里打量了一番，然而并没有看到电脑、平板和代替黑板的投影仪等新技术的影子。又转了几分钟，大部分人已经离开教室去参加接下来的活动。里昂突然定住，嘴里喃喃道："等等！我没看花眼吧……"

里昂接下来会做什么？

① 举起桌子

② 爬上讲台

③ 掀开黑板

①

②

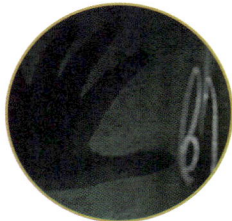

③

"什么乱七八糟的?"尤利安暴躁地问。"良心,"蒂妮简短地答,"这就是答案。你还有良心吗?你当时因为嫉妒,向解谜大赛的组委会诬陷宝拉作弊,不是吗?我爸的一个朋友是组委会的成员,他和我爸在书房密谈时我进去瞄到信了,绝对是你的笔迹!"莉莎不敢相信自己的耳朵!老练圆滑的尤利安,站在法庭上维护公平与正义的尤利安,即将进入州议会的尤利安,竟然做这种损人不利己的事?

"你别血口喷人!我承认,我是向组委会写过匿名信。但我跟宝拉的死没关系!"

"那你写信说了什么?表扬宝拉的天赋?"蒂妮狠狠盯着他。

"我只是恨我继妹参加了比赛还在我面前耀武扬威!信和宝拉无关!"尤利安朝蒂妮走近一步,目露威胁。"如果施特菲现在还有意识,她也知道,可以证明。"蒂妮的眼神微微闪烁。

"你别激动。"迈克往后拽尤利安。

尤利安挣脱了迈克,又往前逼近一步,两人的脸只相距不足 10 厘米。尤利安用愈发低沉的声音一字一顿地说:"毕业晚会时,施特菲来找我。她把一切原原本本地告诉我了。席费老师的事全是胡编的,宝拉从没跟自己的老师谈过恋爱。所有一切都是你泼的脏水!"

蒂妮怒目圆睁,她漂亮的脸庞因为生气而扭曲。"施特菲一直对你有意思,"蒂妮冷静地解释,"那时咱俩闹了矛盾,她想抹黑我,然后把你抢走。"

"别转移话题,蒂妮,"尤利安打断她,"当时是你,你跟你爸说,看到宝拉和席费老师接吻,还说施特菲可以给你作证。所以丁葛特立马解雇了席费老师,宝拉也名声扫地。你们的如意算盘打得真好,没有人再相信她,就算她指控丁葛特性骚扰也没有人信。现在到你自食其果的时候了。"

"难道一切是你策划的?不,不是,你没那个能力和勇气,"她叹息一声,"好吧,我承认,席费老师的事情全是我编的。我也有点同情那个倒霉蛋。但是我能怎么办?我别无选择。"

"都是谁的错,这下很清楚了。"说完,尤利安看看其他人,希望能得到支持或附和。"我们还有 6 分钟。我提议,你吃了那些药片,不管是谁导演了这一切,关掉炸弹,让我们离开,送施特菲去医院。幕后策划人,你想怎么爆出当年的真相都可以,我没有任何意见。"

蒂妮如火山爆发了。莉莎意识到,蒂妮绝不会就这样为大家牺牲。她低下头,地上的施特菲在轻轻呻吟,却还没恢复意识。莉莎再次跪在朋友身边,轻轻抚摸她的头。她急切地想找到解决办法,可选择却只有一个——用里昂的手机报警。万一再有信号，也许警察能幸运地在爆炸前的五分钟里赶到。她走向里昂，从他口袋里掏出手机。

看到通话记录，莉莎会做什么？

① 给警察打电话

② 用手机解除炸弹

③ 跟里昂谈话

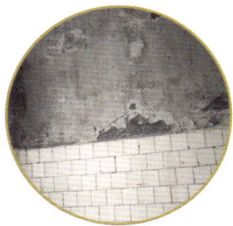

①   ②   ③

莉莎顺着里昂的目光看向黑板：在满满的公式和几何图形中隐藏着一只小乌鸦，正从自己的藏身之处静静观察大家。"它好像和宝拉以前天天画的乌鸦一模一样！"施特菲大声地说出了里昂和莉莎的心里话。"她很喜欢画乌鸦，觉得乌鸦和她一样，非常聪明，但不受大众欢迎。"里昂小声地和莉莎解释。

施特菲、尤利安和蒂妮已经走到绿色黑板前，里昂和莉莎也凑上去。迈克站在教室的黑暗角落里，沉默地观察着黑板前那堆人。

教室里逐渐只剩下他们几个悄无声息的人。

"你们觉不觉得有点恐怖，还是只是我自己的幻觉？"蒂妮说着，用目光询问四周的同学。

"好了，我们不要自己吓自己！"尤利安用当年做学生会主席的自信语调安抚大家，"只是有人画只乌鸦而已，没什么大不了。"

施特菲一脸讽刺："说得倒轻巧，一只乌鸦而已。正好和一个死人的'代表作'一模一样，而那个人还恰好在这间教室上过课？巧合？说出来你自己也不信吧！"

蒂妮支持尤利安："我觉得，我们也不要反应过激。只是一幅简笔画，没什么特殊的。毕竟乌鸦在德国多得像海边的沙子。也许是有人和我们开玩笑呢。拜托，到底是谁啊？万圣节都过去那么久了。"她冲尤利安粲然一笑，表示自己和他站在一条战线上。莉莎想起，眼前的两人在学生时代关系十分亲近。莉莎一度有点嫉妒，因为老实说，高中时期的尤利安也让她心动不已。自信、帅气、热爱运动、受欢迎，整个学校几乎没有不心仪他的女生。

面对他俩的反对，施特菲求援似的望向莉莎和里昂："你们怎么认为？肯定是有人故意想吓我们！"莉莎不知道应该说什么，她很想帮施特菲，但是她又感觉在这件事情上，自己真没什么发言权。回头看里昂，他看上去犹豫不决。莉莎有些疑惑，感觉他好像丧失了以往一贯坚持的公平公正。"我的想法是，"他慢慢开口，"宝拉的死不是简单的意外。"

他的话音量不高，内容却像一把锤子重重砸在大家心上。仿佛里昂打破了某个众人心照不宣的表面假相。这也是莉莎听他也是小团体里所有人第一次提起当年的意外，然而她并不敢继续追问。

没人开口回答，他继续说："除了按照线索查下去，我们别无选择。"他将画着乌鸦的黑板掀开，接着轻轻吹了个口哨。

其他人也看到了藏在后面的信息。但是它到底想跟大家说什么呢？

循着黑板上的字，莉莎和她的朋友们应该去哪儿呢？

① 地下活动室
② 老棋牌室
③ 一层的监控室

①

②

③

你们是这所学校曾经的学生，你们却同操戈。

如果还能回忆起来到此地的理由，你们便迈出了靠近真相的第一步。

一路上你们会碰到很多谜语，开脑筋，它们会引导你们。

我曾经十分钟爱谜语。

但你们要保持警惕，因为死亡总是在日常生中不期而遇。

正在找寻答案的人，会在这发现提示。

所以，开始吧！

第 6 章

"让我来看看……"莉莎挨着迈克坐到地上，自言自语着，"按数字找出相应的字母 E、U、Z、I，再把它们重新排列组合拼出来，答案是——罪恶。"她抬头，对上施特菲圆睁的眼睛。"真是毛骨悚然，"施特菲轻声说，"我要上去告诉你父亲。"蒂妮没来得及阻止，她已经冲出门，消失在长长的地下室走廊里。里昂若有所思地对蒂妮说："让校长出面确实最合适。"尤利安听了，轻嗤一声，不客气地反问："你真以为丁葛特校长会搭理这种小孩的瞎胡闹？"迈克陷入长长的沉默，仿佛通灵板上的信息是一块沉重的砖头，击碎了他赖以平静的基础。莉莎隐隐感觉到，该信息从某种程度上改变了小集体内部的关系，然而具体的内情她却并不了解。

突然，她听到施特菲气愤的叫嚷声。所有人跑进走廊，看到一个黑发女人的身影——施特菲正使出全身力气，疯狂地摇晃沉重的消防门——回到地上的唯一出口。"门被锁上了！"她叫喊着，语气中是满满的焦虑。

"我来试试。"尤利安把施特菲挤到一旁。可即便强壮如他，消防门也纹丝不动。莉莎的心怦怦地乱跳，她有幽闭恐惧症，连坐在小汽车的后排都会恐慌不安。这时，尤利安发现在门锁旁有一个小密码锁，可以输入字母或数字的密码。"又要解谜，"他烦躁地说，"好吧，确实是宝拉的风格。"莉莎努力试图忘记锁死的大门，集中精神想密码。

他们尝试了不同的密码组合，但是门锁依然纹丝不动。"没用的，从这儿出不去。我们看看地下室其他地方吧，说不定哪里还有暗门、无线设备或者食物什么的。我担心的是，如果被困的时间长了，我们有可能错过会客厅的晚宴。"里昂说着，靠近施特菲，后者正徒劳地尝试拨手机求助。尤利安一脸你别白费劲的表情："施特菲，在地面上都没信号，地下更别想了，NASA 的信号台都没用！"他哈哈干笑两声，本意是想开个玩笑活跃一下，没想到气氛更沉重了。

莉莎挪到施特菲和里昂身后，跟着他们一起沿走廊往前走，每经过一个门，她都要仔细检查把手，不过当然，所有的门都锁着。突然，走廊尽头传来一阵噪音。莉莎不自觉放轻脚步，好奇地挪到最后一扇门。门后是模糊的说话声和银铃般的笑声。

她长呼一口气，这才意识到自己刚才有多紧张。门里的声音似一股暖流，霎时温暖了她的身躯——他们不是唯一被关在阴森地下室里的人！还有其他人在这儿！说不定可以通过他们向外界求助，或者外面有人来找他们，顺便把自己也救了。

她叩门，安静等待，但是根本没有回应，她继续敲门，力气越来越大，最后简直是在哐哐地砸金属门板。站在她身后的里昂和施特菲也一起大喊："喂！有人吗？！"但是门里丝毫没有回应，莉莎反而听到一阵咯咯的笑声。莉莎仔细研究那扇门：门把手上有按键，明显是用来输密码的。门锁旁贴着一串写满数字的金属板。

莉莎能用哪个密码打开门？

① **3999**

② **3780**

③ **3689**

① ② ③

60 / 54 / 49 / 45
35 / 32 / 29 / 27
55 / 50 / 45 / 41

44 / 40 / XX / 33
98 / XX / 81 / 73

这次是蒂妮解的谜："遮风挡雨，提供庇护，指的是屋顶。飞蛾、蚊虫，喜欢扑火和光，指的是灯。合起来就是吊灯！"

里昂抬头一看："这儿只有一盏吊灯！"他转头对蒂妮说："来，我把你举起来你便能看到了。"

"还是让尤利安来吧，别把你腰闪了，毕竟我也不是身轻如燕。"她朝他嫣然一笑，站到灯下就位。里昂没有反对，毕竟他确实比尤利安瘦弱得多，尤利安略微一迟疑，然后走过去执行命令。他往下一蹲，让蒂妮跨到自己肩膀上。等他站稳了，蒂妮直起身，伸长胳膊，几秒后一把小小的银色钥匙已经到手，她夺冠似的将钥匙举高。尤利安扶着她下来，蒂妮开口："谢谢你，我的英雄。"说罢，在他脸颊留下一个浅浅的吻。莉莎失笑地摇摇头：有人给他们发出死亡威胁，蒂妮却还是不忘发散自己的个人魅力。也许她应该跟蒂妮学着更放得开些，可能她的下一任就不会像前男友们一样，总是离自己而去。

打开门，映入眼帘的是一条宽宽的走廊，走廊两旁分别立着一排上锁的储物柜和几扇门。貌似只有前三扇门开着，这些科学教室由实验室和储藏室组成，有的房间里锁着各种专业的教材教具。

"我们可以先检查衣帽柜。"里昂建议——他直面问题、解决问题的建议，使得大家的焦虑在紧张的情况下不至于加剧，

他的这种处事态度也让莉莎敬佩不已。莉莎被幽暗的地下环境惊吓到后，里昂和施特菲几乎不离她左右，但自从逃离了地下室，施特菲变得越来越安静。忽然，她开口道："都是我们的错。"莉莎疑惑地望向她，她补充道："宝拉的死都是我们的错。我们应该付出代价。"

"我们根本没错，别说傻话了！"尤利安呵斥她。然而里昂站在施特菲一边："我们人人都有自己的罪孽。你比任何人都清楚。"

"你什么意思？"尤利安爆发了，"你难道比我清白吗？！"里昂转过头，显露出无言以对的样子。蒂妮走向里昂，把一只手放到他肩膀上，轻声安慰："你不需要自责。"

怒火中烧的尤利安勉强压下了冲到嗓子眼的话。"别废话！快走，迈克。"说完，他抬腿朝第一间教室走去。蒂妮没搭理他，检查起衣帽柜的上层，同时，指示施特菲应该如何搜查柜子下排。莉莎不想和他们一起，只能跟着里昂，他正昂着头向第二间教室走去。莉莎不想留他一人，而且，她既不能忍受尤利安的大男子主义，也受不了蒂妮的自命不凡。

她落后里昂几步进入地理教室，在黑板上发现了下一条谜语：

下面哪个选项不属于同一类别？

① 黑　② 灰

③ 红　④ 死

①

②

③

④

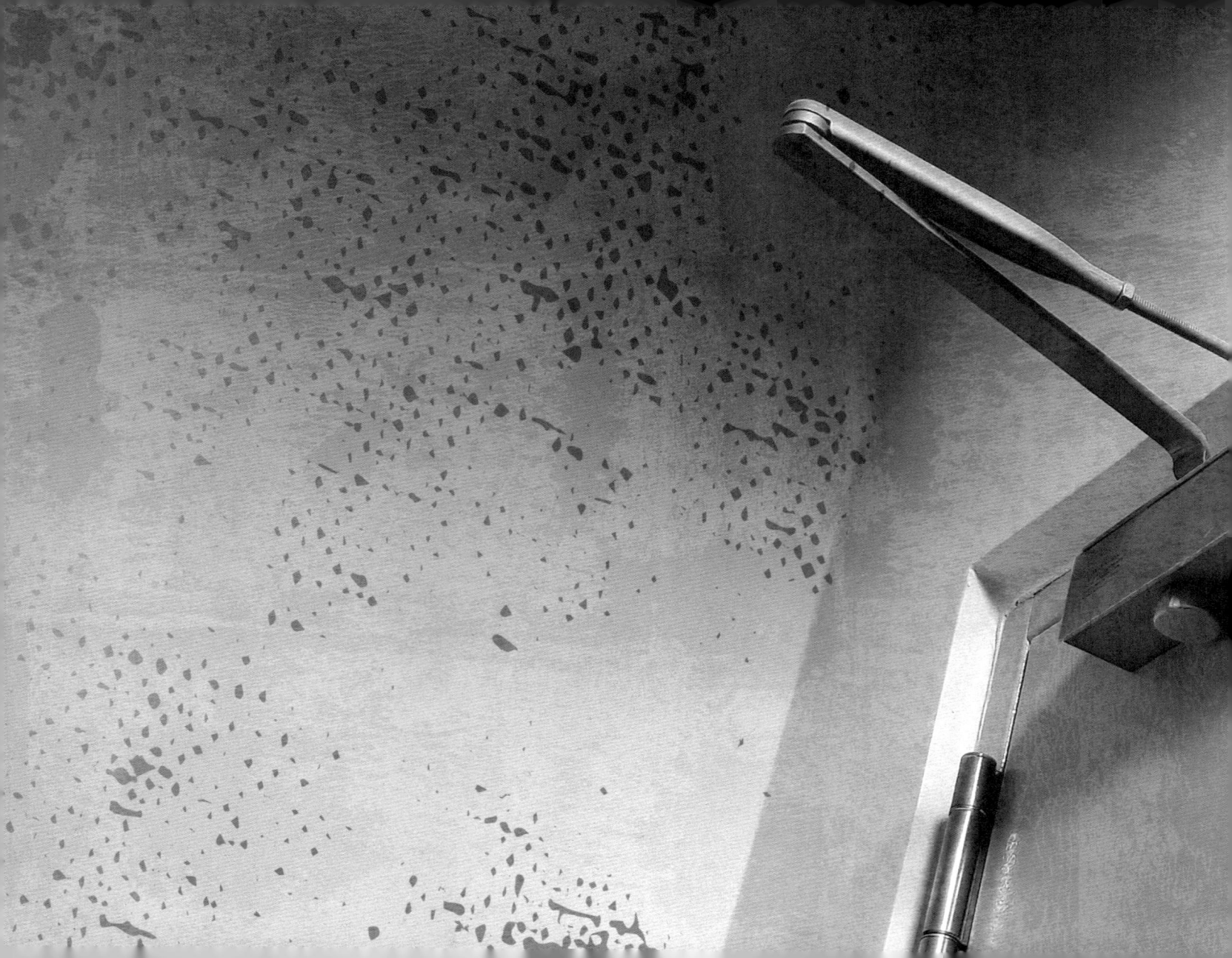

迈克抽走纸条，用打火机遮住数字下半截颜色偏深的部分，又拿起被挡住一半的纸条，顺时针旋转 90 度，竖直放着。如此一来，莉莎眼前出现了一串数字，从上往下就是 090。常年敲键盘的迈克飞快地输入 090，所有人目不转睛地注视着屏幕，屏气凝神地等待。

莉莎内心暗暗幻想着会有缤纷的彩色纸片如雪花般飘落，然后有人冲出来大喊"愚人节快乐！"可惜，彩色纸片未能落下：通向地下入口的门和通向教室办公室及厕所的自动防火大门突然鬼使神差地关了，同时头顶上哔——哔——哔——接连响了三声。莉莎抬头，天花板上挂着一个鞋盒大小的箱子，像蜘蛛一般缓缓垂下来，仿佛轻轻一碰便会猛地苏醒。从她的位置只能看到箱子上有几根奇形怪状香肠样的东西、淡黑色的塑料和几根电线，箱子底部固定着一个电子钟，它正在倒计时！"计时器……"她小声说。表盘上显示还有 19 分 40 秒。虽然莉莎长这么大并没见过真正的炸弹，但是看到它，莉莎想不出别的可能。

尤利安应该也有此猜想，因为他正使出全力挥拳朝数字键盘砸过去，显示屏令人心惊肉跳地晃动了一阵，零星的火花四溅。他慌忙扯拽电路板，一把把它从电线上拔掉扔到角落。

然而距离他们头顶五米，天花板上的计时器丝毫不受影响地继续滴答走着。

尤利安破口大骂："妈的！我们死定了。究竟是谁在背后搞鬼，给我站出来……"

莉莎看看施特菲，她软趴趴地躺在地上，迈克把自己的夹克垫在了她身下。她头上的伤口流血止住了，但是双眼依然紧闭。"我们不能坐以待毙！"迈克号召大家，"如果那玩意炸了，整个房顶会坍塌把我们全埋了。"他紧张地研究断掉的电线和开关盒，最后束手无策地摇头，一筹莫展。

"我觉得，我们得告诉其他人在镜子上看到的信息。"里昂转向莉莎，示意由她开口。莉莎保持沉默。"他们有权知道。"里昂坚持。"知道什么？"蒂妮狐疑地盯着莉莎。莉莎吞了下口水，然后说出那句罪魁死去才可保全大家的线索。

"意思是说我们得确定谁有罪，然后让他去死？你们开玩笑吧？！警察都说宝拉是失足了！"蒂妮盯着莉莎，眼神喷火。莉莎也有点急躁："我没说要谁去死。我只是复述那个疯子写的话！"

"你也说了他是个疯子！"蒂妮激动地喊道，"你们还没想到是谁在背后搞鬼吗？百分百是宝拉那个精神病的妈！也许，也许她从精神病院跑出来了？"

"也有可能是席费老师，"尤利安推测，"毕竟，事情发生后他失去了一切。"

然而莉莎心里并不赞同：即使人生被毁，席费老师为什么要报复宝拉的同学呢？她把手插进夹克口袋，希望借此寻求一点微弱的安全感。意外地，她摸到了一个小小的塑料瓶，哦！对了！是藏在头盖骨的塑料瓶。她掏出瓶子，细细审视里面的药片。看来，幕后之人已经指定了死亡的方式。

"我看看，"尤利安试图重新掌握局面。他拿过塑料瓶，把药片倒入掌心。"等等！"蒂妮大声说，"瓶盖内侧贴了东西！"

她从尤利安手里一把夺过瓶子，撕下一张莉莎之前完全没注意到的、小小的白色纸片。纸片打开，几个奇特的文字跃入眼帘。

纸条上写了什么？

① 指代某人的暗示

② 给某人的警告

③ 指示逃脱的办法

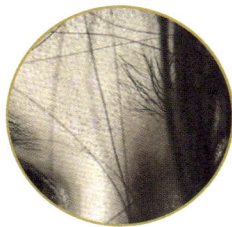

①

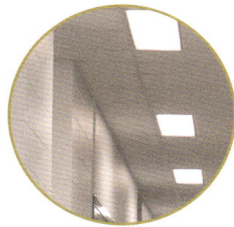

②

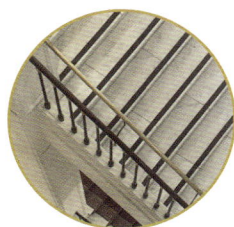

③

里昂开始试着读。他从最下面的 j 开始，或横着或竖着，最终拼出几个有意义的句子："今晚你们至少有一人必死。你们可决定死几人。真相在天堂。"

"一人必死……"施特菲难以置信地喃喃重复，片刻后她的惊讶慢慢转为害怕。"我们得马上出去！"她抓住尤利安的手臂喊道，"我们不能干等着，有变态要杀了我们！"莉莎也感到恐慌在心中蔓延。她的心跳加速，嘴唇变得干涩，地下室似乎突然之间缩成异常狭小逼仄的真空空间。她深呼吸几口气，抓住施特菲的手，不知道是在跟施特菲说还是在安慰自己："冷静下来，我们肯定能找到出口的。"

"这句话什么意思？真相存于天堂……肯定又是条线索。"迈克陷入沉思，似乎完全没受施特菲的恐慌甚至死亡威胁的影响，然而鼻尖的细小汗珠暴露了他的紧张。"天堂在我们上面……"他仰起头。顺着迈克的目光，莉莎才注意到，房间的天花板上铺设着原本是五彩的老旧瓷砖。不过，当年上学时瓷砖是否也如此残破她并未曾留意。太多事莉莎已记不清了，可有些细节深深蚀刻在她脑海，似乎她的学生生涯仅由那一个个片段组成：小卖部课间卖的椰丝巧克力，穿着厚重皮靴的化学老师，贴在直尺上、却从未派上用场的小抄，以及施特菲——施特菲是这群朋友中自己最喜欢的人。

莉莎可以参加小团体最核心成员才能加入的聚会，但她一直有种感觉，好像自己与其他成员间隔着什么，无法真正融入他们。她是半路加入的，不知道宝拉当年发生过什么，以及惨剧是如何发生的。她很快发现，正因如此，施特菲、尤利安、里昂和蒂妮才喜欢她——她身上没有背负这个所有人都渴望逃离的黑色阴霾，所以她也未曾打听过。她以前对这位逝去的少女了无兴趣，但是现在看来，不闻不问的代价很昂贵。

她紧紧挨着施特菲，问道："宝拉究竟怎么死的？我听说是意外失足，是真的吗？"

施特菲伤心地摇头，某一瞬间她几乎忘却了自己的恐惧："你知道吗，宝拉当年十分推崇朋克，非常有主见，很叛逆，但她有自己的底线，她更像那种 SxE 朋克，不喝酒，不抽烟，不做坏事。但出乎所有人意料的是，一个周二清晨，她死在郊外的野山上，警方后来结案为失足死亡。"

莉莎感觉事情绝不止这么简单，她打算再从其他人那里深挖调查。然而现在她必须得想明白，怎样才能从沉闷的地下室逃出去，这该死的天花板瓷砖究竟能怎么帮助他们。

哪个代码可以开锁？

① **X7**

② **LT**

③ **46**

①

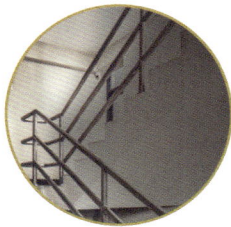

②

③

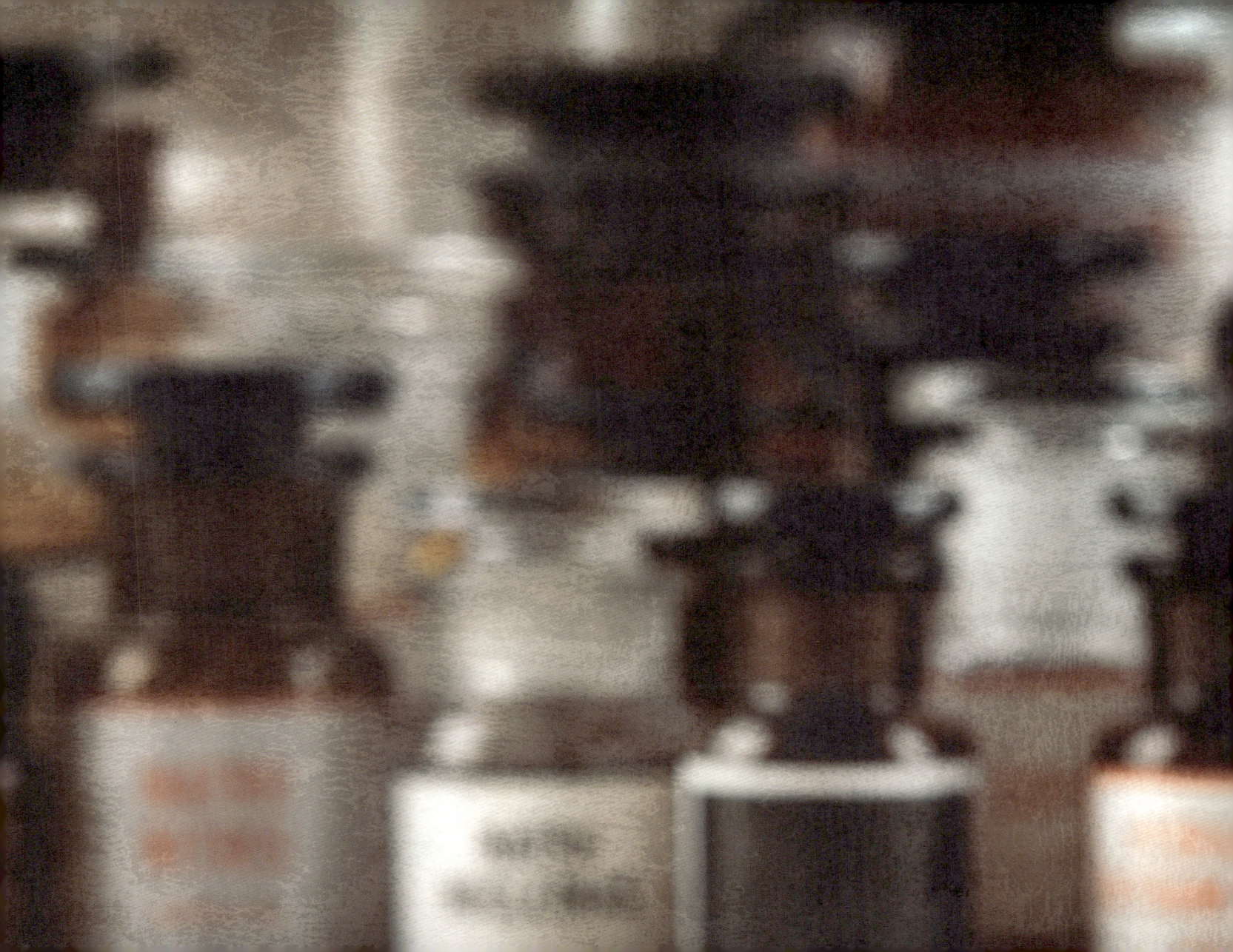

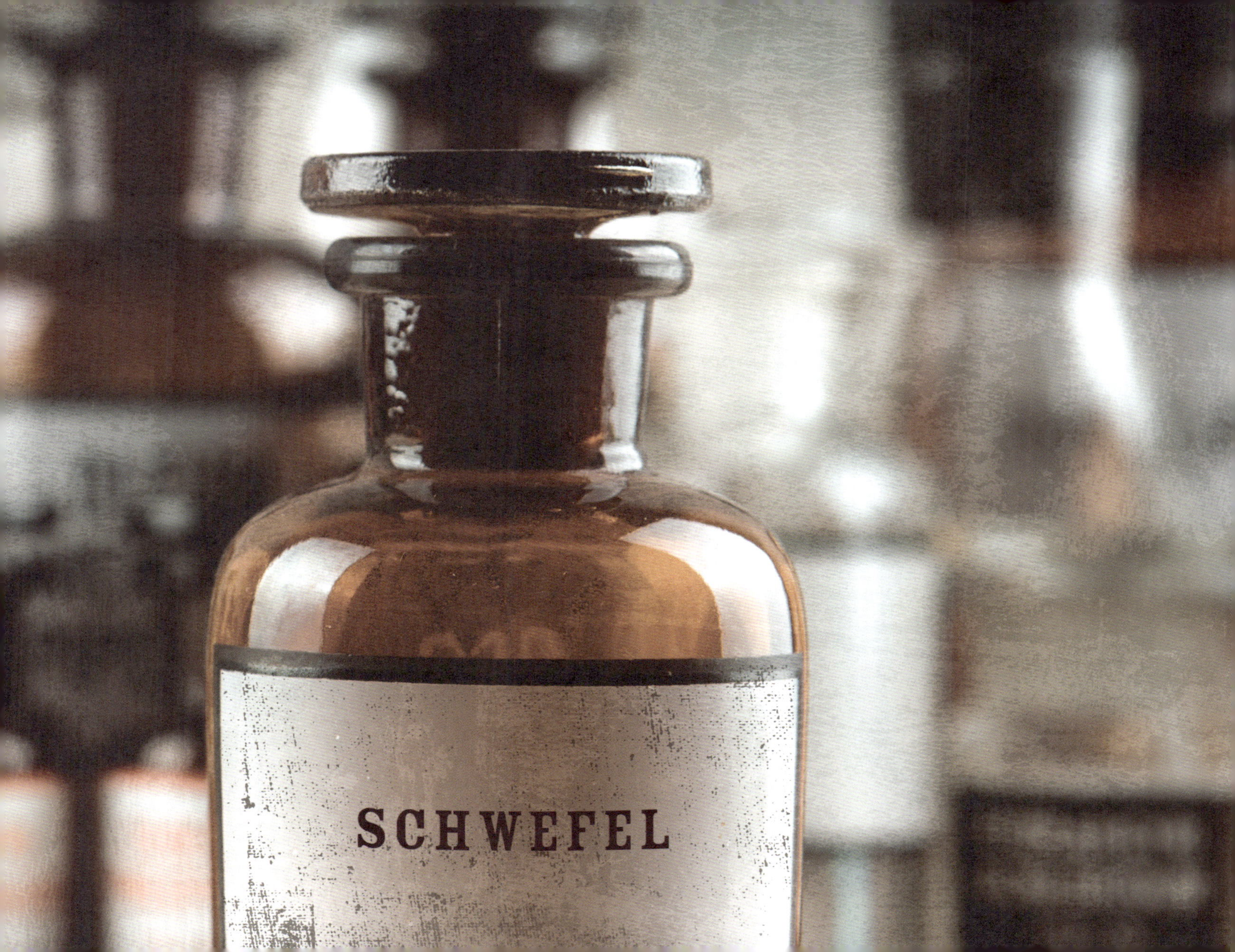
SCHWEFEL

"他根据元素周期表找到了线索，所以觉得自己是天才。"迈克对莉莎说。"别嫉妒啊，迈克！"尤利安笑呵呵地享受着另外几人的目光，洋洋得意地卖弄："每个数字都对应元素周期表中某个化学元素的缩写。例如，7代表氮的缩写N。还有，如果数字下划了线，则意味着需要用到元素代码的第一位还是第二位。再一拼，轻轻松松就得到'本质'这个词了！"迈克翻了个白眼。

莉莎打量四周。"但是具体指什么呢？"黑板前的讲台上还摆着几个老式实验工具。一个锥形烧瓶悬挂在未点燃的煤气灯上，煤气灯旁还放了几个棕色瓶子，瓶身上贴着黄色标签。

"钠，硫酸，碘……"迈克仔细念过标签后才拔下瓶盖，谨慎地闻味道。一股刺激性气味飘向莉莎。她走到迈克身边，问："这里哪些东西会致死？"

他叹口气，回答却风马牛不相及："宝拉并不总是人人都爱的天使。"莉莎缄默不言，让这句话在空气中飘荡、消逝，沉默中，尤利安接话："你应该明白我的意思……她一度和蒂妮闹得特别僵。"

迈克说："那只是因为蒂妮自己也觉得席费老师特别帅……""住嘴，别胡说八道！"尤利安激动地打断他。莉莎想起来，在学生时期，尤利安对蒂妮身边的男性都充满十足的敌意，况且听说当年的席费老师还很年轻帅气。可惜的是，莉莎转到洪堡高中时，他已经离职了。但席费老师和宝拉又有什么关系呢？

忽然，刺耳的尖叫传来，接着是一阵震耳欲聋的撞击声。"是里昂！"莉莎大喊。里昂之前在她没留意的时候出去了！她拔腿便朝传出声音的化学陈列室跑去。

迎面是一片狼藉。将房间从中央一分为二、又大又沉的架子已轰然倒塌。书和玻璃碎片散落一地，打翻的液体慢慢汇聚到一起，发出危险的嘶嘶声。

里昂躺在书架旁，正疼得龇牙咧嘴地想站起来。

"我不知道怎么回事……"他粗声喘气说，"进来时，我发现地上有一个摔碎的玻璃瓶，就凑近了弯腰准备看标签上写的什么，突然余光瞥见这个大书架向我扑来。我想也没想就朝旁边闪过去。"

"万幸！这要是砸到脑袋，你可再也站不起来了……"跟在莉莎身后进来的尤利安说。虽然他语气刻意放得轻松，但未能掩盖他的惊恐。"真幸运也不至于被砸了……"里昂抓着手臂抱怨。"砸到我胳膊了，只希望没骨折，我下周还得去打壁球。"他勉强挤出一个笑容。

"如此大的架子不会无缘无故倒，"莉莎语气十分坚定，"肯定是有人把它推到你身上的，那人想要你的命。"说完，她自己身上也渗出一层冷汗，下意识地左右张望。难道始作俑者还留在这里？或者根本就是他们中的某人在搞鬼？难不成，有人提前策划好了这场谋杀？本质，人的本质……她还没来得及细想，一个念头如闪电般划过脑海。

莉莎知道，之前的线索指向哪儿了。

莉莎和她的朋友们接下来该去哪儿？

① 化学储藏室

② 生物教室

③ 衣帽柜

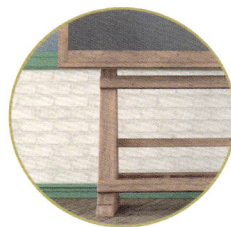

①　　　　　②　　　　　③

"**你**注意到没？上面两句话的所有字都可以在表格里找到，"莉莎思忖着，"如果我们把出现的字都划掉，剩下的拼起来是：罪魁死去才可保全大家。"她沉默片刻，目光对上里昂的眼睛。"就是说，咱们中间必须牺牲一个，否则他不会让我们走……"

话音未落，传来尤利安的惊声尖叫。他声音中的稳操胜券荡然无存，听上去仿佛漏气的自行车胎。

莉莎用尽全力跑回体育馆。尤利安站在那儿，呆若木鸡地看着施特菲。而施特菲躺在体育馆边缘的地板上，双眼紧闭，一动不动。更令莉莎触目惊心的是，她脑袋旁边还有一小摊红色液体。

她绝望地跪在不省人事的朋友身旁，检查了一下喊道："我们得救她！她还有呼吸！"同样跪坐在莉莎身旁的蒂妮如释重负地松了口气。其他人也闻声赶到事故现场，惊愕地看着瘫倒在地的施特菲。

"发生了什么事？"莉莎仔细检查施特菲头上的伤口。

"我，我也不知道……"尤利安结结巴巴的，"我正在检查器械区的单杠，突然听到咚的一声闷响。我想看看到底是什么声音，然后就发现了施特菲。她躺在那儿。我不知道怎么办，只好把你们都叫来了。"

这是莉莎头一次见到尤利安如此惊慌失措，不过她自己也没强到哪儿去。学生时代就考了急救员证的迈克上前检查施特菲的脉搏，然后小心翼翼地把她翻身侧卧，宣布自己的结论："救护车来之前，我们也无能为力。"

"该死，我们要怎么叫救护车？"蒂妮激动地喊叫，"哈博特哈勒女士到底有没有派人来找我们？！怎么还不见人？！"

莉莎抬头向上望去："施特菲肯定是从看台上掉下来的。"

"也许有人推她。"尤利安淡淡地说。

大家陷入凝重的沉默。蒂妮和莉莎紧张地朝看台张望，仿佛能发现那个神秘的偷袭者似的，里昂却打量起大家，怀疑的目光从所有人身上一一扫过。

莉莎恍然大悟。也可能是他们中的某人把施特菲从看台上推了下去！然而，是谁呢？难不成真是现场的某位老同学一手策划了这一切？她不确定。时光如果往前回溯几个小时，她都敢在法庭发誓，力争她的老同学绝不会是幕后黑手。但是现在，她渐渐发觉，当年隐藏在背后的秘密如暗夜中的海洋，又深又冷。眼前的这些朋友，她究竟了解多少？

里昂打断了她脑海中的暗沉思绪，他已经走到保险盒旁，盒上也画了一只小小的乌鸦。里昂转动开关，保险盒咯吱一声开了。

　　一个普通的保险开关映入眼帘，此外还有一个电子键盘、一张写了笔记的纸条和一个六位数的数字。但是键盘只能输入三位数。

应该输入哪个数？

---

① 273

② 090

③ 593

①

②

③

遮蔽阴暗，
发现真相！

第 20 章

手机刚一到手，莉莎便如岩石般僵住了，里昂根本没给校长秘书哈博特哈勒女士打电话！通话记录显示得明明白白。那他为什么装着打通了电话？一个冰冷的念头猛地冲进她的大脑：真的有人能在化学陈列室推倒架子然后消失得无影无踪吗？反而里昂为了撇清自己的嫌疑，伪造了那场袭击更说得通。但是他做这一切的目的到底是什么？他当年不也和其他人一样站在蒂妮那边吗？她要问个清清楚楚，立即！马上！

恰好，里昂把目光转向莉莎。他看到她手里自己的手机，脸上一僵。不过他很快调整回来，冷淡地问："你在干什么？"

"是你在操纵一切，是不是？"莉莎提高声音，让其他人全能听到。她身上好像有聚光灯，吸引了所有人的目光。"你在说什么胡话呢，莉莎？我一直跟你们在一起。我跟你们一样都被困在这儿呢！""那你刚才为什么假装和哈博特哈勒女士通电话？你故意稳住我们，好把我们控制起来。"里昂摇摇头，露出同情的微笑："你怎么能这么说呢？恐惧已经让你疑神疑鬼了。"

"我疑神疑鬼？那通话记录你怎么解释？"她向所有人展示里昂的手机。"因为你把我最后一通记录删掉了。"里昂说得不容置疑，相信当年和自己站在同一战线的伙伴们仍旧会支持自己。莉莎陷入惊慌，结结巴巴地反驳："没有！不……我……

我没有。"然而从大家的表情能看出，没人相信她。

她感觉自己又一次回到当年刚转来的时候，没有人相信她、支持她。天花板上的计时器显示还有 3 分 40 秒，忽然，她想到个办法："脱掉你的卫衣。"里昂疑惑地盯着她。"我要看你的胳膊。你说袭击者用书架撞到了你的胳膊，那肯定会留下淤青。"

里昂犹豫了。

"给我们看你的胳膊。"尤利安命令，迈克和蒂妮也齐齐盯着他。

里昂往后退了一步，深呼吸，然后开口："我只是，想让你道歉。"他的目光仿佛要穿透蒂妮似的。"我们当时太年轻，不成熟。我们犯了错，做了错误的决定，一个当时我们以为正确的决定。但是，你！你毁了两个人的人生，只为了保护自己。刚才，你还冷血地把自己曾经最好的朋友从看台上推下来，只因为担心她可能泄露你最肮脏的秘密。我不求别的，至少这次你能承认你的罪恶。否则，我将引爆炸弹。"

计时器显示只剩最后 40 秒。莉莎恨不能用自己的双手掐着蒂妮的嗓子让她开口。迈克也忍不住露出欲言又止的样子。

"我能怎么办？"蒂妮大喊，恐惧和重压终于让她崩溃了。里昂开始和计时器一起大声倒计时："10，9，8……""好！

好！我说！"蒂妮歇斯底里地大喊，"是我把施特菲从看台上推下去，她毁了一切。"同一时刻，计时器跳到 0，莉莎用最快的速度冲向体育馆的一角。但是什么都没发生。里昂像一具雕塑站在体育馆中央，冷静地说："炸弹，哈哈，你们真以为我能做个定时炸弹？之前你们启动的不是爆炸装置，而是摄像机，摄影机一直在同步录制，记录你们在体育馆里所说的一切。我会把视频发给有关机构。蒂妮和丁葛特要为自己的所作所为付出代价。"迈克问："宝拉的死真的是意外吗？"里昂说："是意外。"莉莎难以置信地瞪着他："但是，你又为什么这么做？"她向曾经的同学发出疑问。他避开她的眼神，轻声回答："因为，这是我欠宝拉的。"

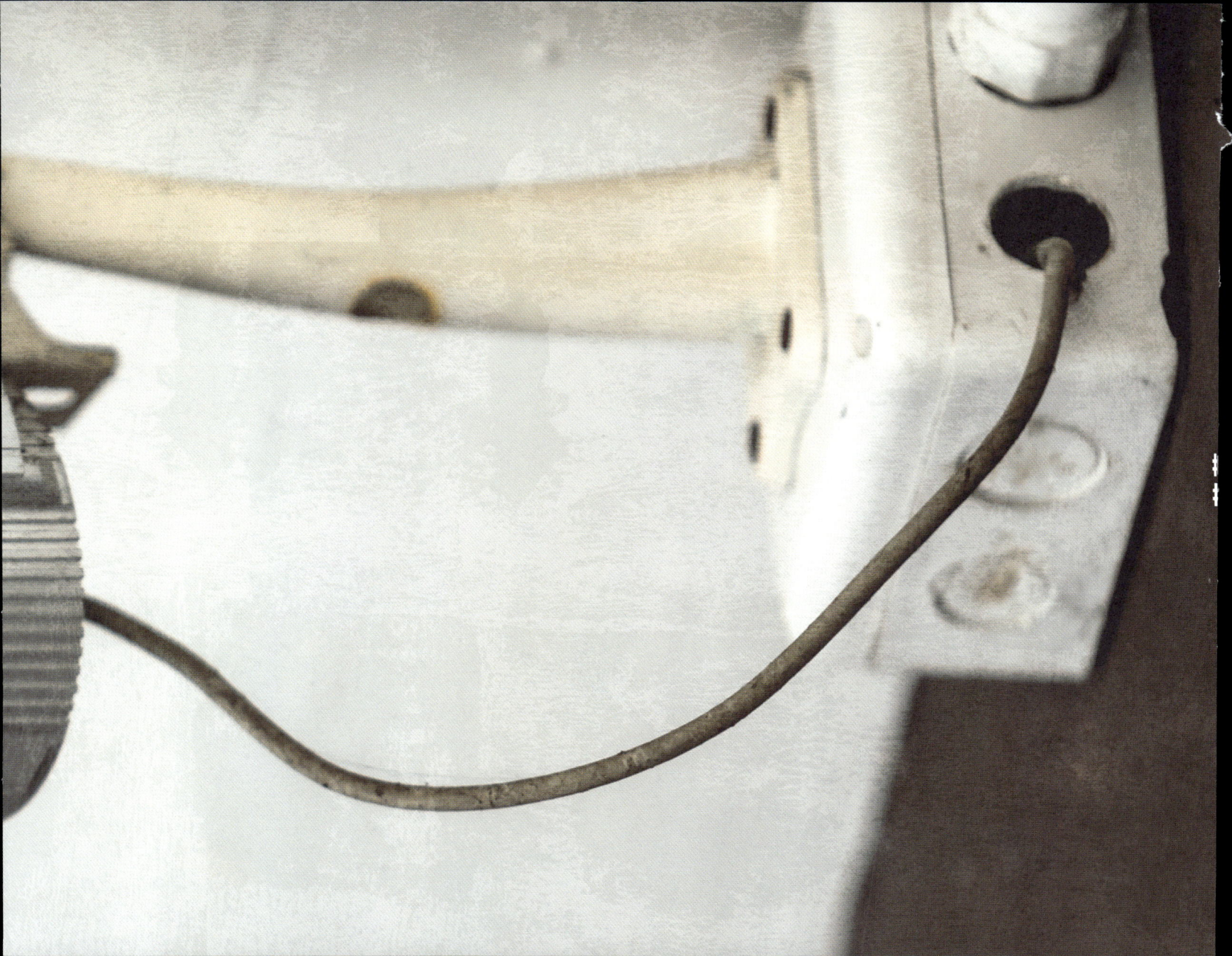

1998.07.22

　　我不知道该如何结束这一切。

　　太不公平了！尤其对不起席费老师。只因为帮助我、激励我，他的人生全毁了。我一开始就该想到，蒂妮肯定会无中生有抹黑我的。我也在想，到底怎么做才能让大家知道，所有这些流言蜚语都是扯淡。只有里昂还相信我，愿意听我倾诉。哎，可是自证清白总是最难的，尤其对方已经先泼了我一身污水。

　　不过也好，至少总有那么一个人，让我可以跟他诉说所有事情。这半年，里昂变成我真正的挚友。我不知道，没有他，我该如何熬过最近几周。

　　我一跟他说起校长的越轨条件，他立马就明白是怎么回事，并且让我绝对不要接受，哪怕这会让我最后一学年过得相对轻

松一些……我很高兴当时听了他的话。否则，我都无法面对镜子里的自己。让我跟伙伴们、跟蒂妮坦白这件事情，也是他一片好心。只是最后适得其反，反而给了蒂妮先下手的机会，散播我跟席费老师的谣言，让我声名涂地。但是里昂怎么可能预料到这些呢？他总是看到人们身上的优点，也比较粗心。他没有错，也根本不能怪他。我想一个人去野外爬山，暂时逃离这一切。

幸好里昂不知道是蒂妮散播的谣言，里昂，即使你以后知道了也不要自责。我的人生已经一片狼藉：我的母亲、校长，还有我自己的名声，因为有你，我才能经受住这一切，你是我的依靠，是我唯一能坚持到现在的理由。

你是世界上最棒的人，永远都是。

图书在版编目（CIP）数据

金乌之影 / （德）伊娃·艾希著；（德）玛丽艾拉·恩德斯绘；
邓晶译. — 武汉 ： 长江文艺出版社， 2021.1
　（密室大逃脱）
　ISBN 978-7-5702-1770-0

Ⅰ.①金… Ⅱ.①伊… ②玛… ③邓… Ⅲ.①智力游戏
Ⅳ.①G898.2

中国版本图书馆CIP数据核字(2020)第170376号

©2020 arsEdition GmbH, Munich – all rights reserved –
Original title: Escape Room: Der Schatten des Raben by Eva
Eich and Marielle Enders
本作品简体中文专有出版权经由Chapter Three Culture独家授权。

策划编辑：陈俊帆
责任编辑：王天然　　　责任校对：毛　娟
图书制作：格林图书　　责任印制：邱　莉　胡丽平

出版：武江出版传媒｜长江文艺出版社
地址：武汉市雄楚大街268号　　　邮编：430070
发行：长江文艺出版社
http://www.cjlap.com
印刷：武汉市金港彩印有限公司

开本：730毫米×1000毫米　1/16　印张：5.875
版次：2021年1月第1版　　　2021年1月第1次印刷

定价：36.00元

图片说明：

封面： Shutterstock.com/Asukanda; Chaikom; MaKars; andrea crisante; archideaphoto; Checubus

内文： Shutterstock.com/Titikul_B; Animalvector; hxdbzxy; GreenLandStudio; Asukanda; Svetlana Lozina; Markus Gann; paulaphoto; rawf8; dourleak; Boris Rabtsevich; Zonda; ALMAGAMI; andrea crisante; Sergey Lyashenko; Konstantin Faraktinov; Checubus; Potapov Alexander; Sinisha Karich; Chaikom; Peter Hermes Furian; AleksNT; Redaktion93; ch123; Misses Jones; NayaDadara; Skill Graphics; Marko Rupena; Dmytro Falkowskyi; Martijn Alderse Baas; tomjenjira; Sakarin Sawasdinaka; Sensay; Lozhkina Ekaterina; KenSoftTH; Photo Kozyr; Alex_Po; Branko Devic; Studio MDF; gcpics; Boris Rabtsevich; tsuneomp; fewerton; zef art; rdonar; SeluGallego; Andreza Suang; Farknot Architect; OlgaBerlet; Akira Kaelyn; legenda; Cascade Creatives; yanadhorn; Banglens; Sonate; Fer Gregory; tsuneomp; robbin lee; Alex Linch; PrimeMockup; Phakhawat Nankaeo; Sapozhnikov-Shoes Georgy; FocusStocker; Jag_cz; Flas100; PlusONE; Vladeep; Serhii Fedoruk; Anna Vaczi; J. Helgason, maroke; apiguide; Shawn Hempel; Marcel Derweduwen; archideaphoto; logoboom; MaKars; Lissandra Melo; Daniiel; Petr Student

封面与内文设计： Marielle Enders, www.itsme-design.de